La luna

Linda Aspen-Baxter

This AV² media enhanced book gives you a fully bilingual experience between English and Spanish to learn the vocabulary of both languages.

English

Spanish

AV² Bilingual Navigation

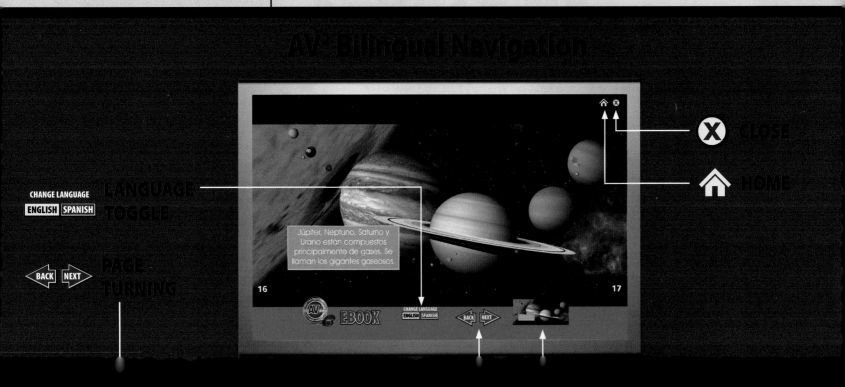

X CLOSE

⌂ HOME

CHANGE LANGUAGE
ENGLISH SPANISH

LANGUAGE TOGGLE

BACK NEXT

PAGE TURNING

Júpiter, Neptuno, Saturno y Urano están compuestos principalmente de gases. Se llaman los gigantes gaseosos.

16

17

CONTENIDO

La Luna puede verse
mejor de noche.

La Luna está compuesta de roca gris. Posiblemente haya sido parte de la Tierra hace mucho tiempo.

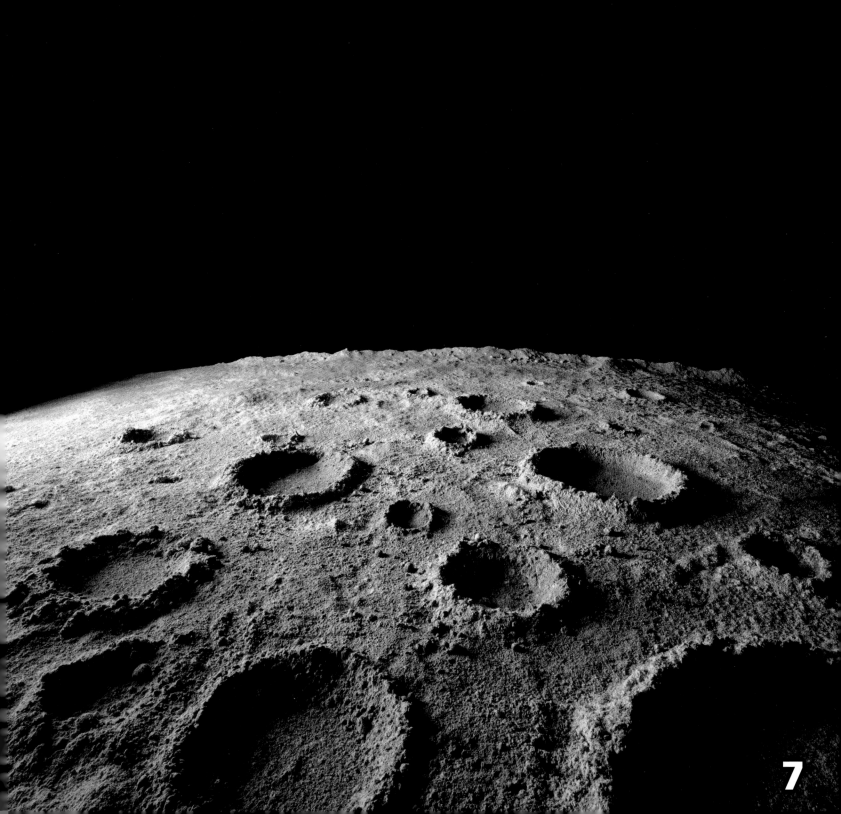

7

Podemos ver la Luna sólo cuando el Sol brilla sobre ella.

9

La Luna se mueve
alrededor de la Tierra en un sendero.
Este sendero se llama
la órbita de la Luna.

A veces vemos más
de la Luna que otras veces.

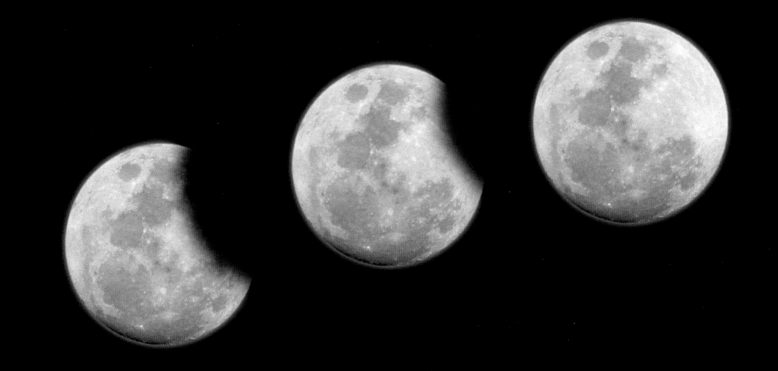

14

A veces la Luna se mueve
entre la Tierra y el Sol.
Entonces, no podemos ver el Sol.

La gente caminó sobre la Luna por primera vez en 1969.

El vuelo hasta allá tardó cuatro días.

17

En la Luna no hay aire.
Para respirar, la gente usa trajes
especiales con aire.

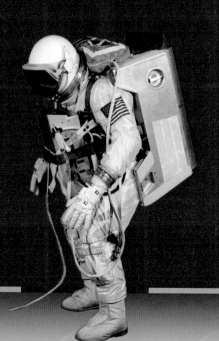

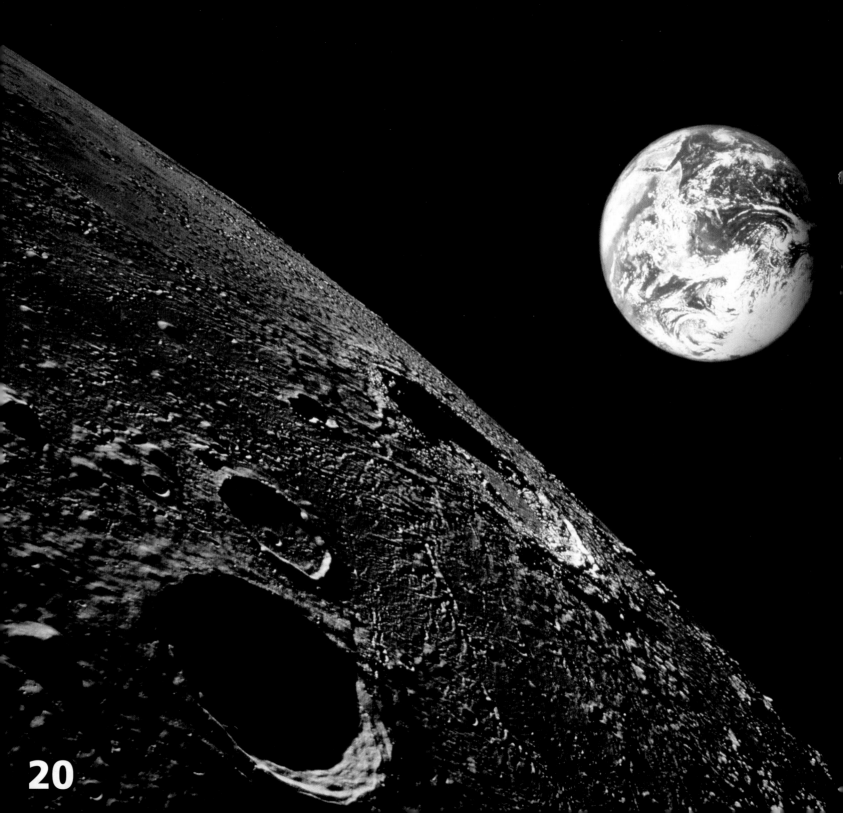

Si tú estuvieras en la Luna,
podrías saltar más alto
de lo que puedes en la Tierra.

DATOS ACERCA DE LA LUNA

Esta página proporciona más detalles acerca de los interesantes datos que se encuentran en este libro. Mira simplemente el número de la página correspondiente que coincida con el dato.

Páginas 4–5

La Luna puede verse mejor de noche. La Luna puede verse de día, pero el cielo brillante palidece la luz reflejada de la Luna. De noche no podemos ver el Sol, aunque aún podemos ver su luz reflejada desde la Luna en un brillante contraste con el cielo oscurecido.

Páginas 6–7

La Luna está compuesta de roca gris. Posiblemente haya sido parte de la Tierra hace mucho tiempo. Muchos científicos creen que un asteroide golpeó la Tierra hace miles de millones de años y desportilló un trozo grande. Este trozo de roca empezó a orbitar la Tierra.

Páginas 8–9

Solo podemos ver la Luna cuando el Sol brilla sobre ella. La Luna brilla sólo porque refleja la luz del Sol. Las manchas oscuras que pueden verse en la Luna son zonas bajas y planas, llamadas mares. Las zonas más brillantes son regiones elevadas, que son montañas escarpadas y llanuras. Los cráteres salpican la superficie de la Luna. Estos se forman cuando asteroides chocan contra la superficie de la Luna.

Páginas 10–11

La Luna se mueve alrededor de la Tierra en un sendero. Este sendero se llama la órbita de la Luna. La Luna orbita la Tierra aproximadamente cada 27 días. La Luna viaja aproximadamente 1.4 millones de millas (2.3 millones de kilómetros) en una órbita completa. Esta viaja alrededor de la Tierra aproximadamente a 2,300 millas por hora (aproximadamente 3,700 kilómetros por hora).

A veces vemos más de la Luna que otras veces. Cuando la Luna se encuentra entre la Tierra y el Sol, el lado que se ve de la Tierra está oscuro. A medida que la Luna orbita la Tierra, el Sol ilumina más el lado orientado a la Tierra. Cuando la Luna se encuentra al extremo de su órbita, el lado que se ve de la Tierra está completamente iluminado por la luz del Sol. A medida que la Luna sigue moviéndose, el ciclo se empieza a repetir.

A veces la Luna se mueve entre la Tierra y el Sol. Cuando el Sol, la Luna y la Tierra se encuentran en una línea recta, con la Luna en el medio, la Tierra experimenta un eclipse solar. Cuando esto sucede, la Luna está delante del Sol. Esta bloquea parte o toda la luz del Sol.

La gente caminó sobre la Luna por primera vez en 1969. El vuelo hasta allá tardó cuatro días. A las 8:32 a. m. el 16 de julio de 1969, NASA lanzó el vehículo espacial Apolo 11. La tripulación alunizó a las 3:17 p. m. el 20 de julio. Aproximadamente seis horas más tarde, Neil Armstrong y Buzz Aldrin se convirtieron en los primeros astronautas en caminar sobre la Luna.

En la Luna no hay aire. Para respirar, la gente usa trajes especiales con aire. Aparte de no tener atmósfera, los astronautas también tienen que vestirse para las temperaturas extremas. De noche puede ser tan frío como -280º Fahrenheit (-173º centígrados), y durante el día tan caliente como 260º Fahrenheit (127º centígrados.)

Si tú estuvieras en la Luna, podrías saltar más alto de lo que puedes en la Tierra. Cuando las personas en la Tierra saltan, la gravedad los atrae de nuevo al suelo. La gravedad de la Luna es un sexto de la gravedad de la Tierra, de modo que cuando los astronautas saltan en la Luna, saltan más alto. La gente también pesa un sexto en la luna de lo que pesan en la Tierra.

Check out av2books.com for your interactive English and Spanish ebook!

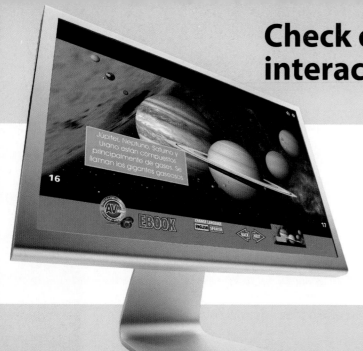

1 Go to av2books.com

2 Enter book code

N953964

3 Fuel your imagination online!

www.av2books.com

Published by AV² by Weigl
350 5th Avenue, 59th Floor New York, NY 10118
Website: www.av2books.com   www.weigl.com

Libary of Congress Control Number: 2012020135
ISBN: 978-1-61913-214-6 (hardcover)

Printed in the United States of America in North Mankato, Minnesota
1 2 3 4 5 6 7 8 9 0 16 15 14 13 12

062012
WEP100612

Senior Editor: Heather Kissock
Art Director: Terry Paulhus

Weigl acknowledges Getty Images as the primary image supplier for this title.